Nietzsches

beste Zitate

Menschliches, Allzumenschliches

Der Autor dankt seiner Gattin Mag. Bea Reinisch

und Herrn Dr. Reinhard Senfter für wertvolle Hinweise.

Reinhard Herbert

Nietzsches beste Zitate

Menschliches, Allzumenschliches

Impressum:

Reinhard Herbert
Nietzsches beste Zitate
Menschliches, Allzumenschliches

Coverbild: Hans Lechleitner

1. Auflage 2017

in der Mediengruppe Westarp
Kirchstr. 5 - 39326 Hohenwarsleben
www.westarp.de, www.westarp-bs.de, www.book-on-demand.de
produkthaftung@westarp.de

ISBN: 978-3-86460-751-6

Printed in Germany.

Inhalt

Vorwort

„Was ist das für eine Zeit, die keine Zeit hat?“

Ein beliebtes Stilmittel Nietzsches ist die von ihm „Symmetrie“ genannte Wortwiederholung (Klammer). Der Leser wird sie an vielen Stellen dieses Buches wiederfinden, manchmal wird zur Erinnerung darauf hingewiesen. Dieses Ausdrucksmittel ist nicht neu, es existiert seit zweitausend Jahren, zum Beispiel das lateinische

Bis dat, qui cito dat. Doppelt gibt, wer schnell gibt.

Nietzsche hat das Spiel mit der Wortklammer als dichterische Feinheit wieder aufgegriffen.

Manche Zitate sind der guten Lesbarkeit halber etwas gekürzt, das wird mit (gek.) vermerkt.

Wer die Zitate im größeren originalen Zusammenhang nachlesen will, dem sei

www.nietzschesource.org empfohlen.

Und nun viel Vergnügen!

Menschliches

Allzumenschliches

Gemeinheit

Wenn der Mensch vor Lachen wiehert, übertrifft er alle Tiere durch seine Gemeinheit.

MA I, 553

Hat je ein Tier gelacht, wenn ein anderes stolpert?

Natur

Wir sind so gerne in der freien Natur, weil diese keine Meinung über uns hat.

MA I, 508

Passt zum nächsten Zitat.

Ängstlichkeit

Wer immer danach hinhorcht, wie er beurteilt wird, hat immer Ärger.

MA I, 352

Ein befreiender Rat.

Schlecht hören

Wer wenig sieht, sieht immer weniger; wer schlecht hört, hört immer einiges noch dazu.

MA I, 54

Das ungute Los der Schwerhörigen.

Mitfreude

Mitfreude, nicht Mitleiden, macht den Freund.

MA I, 49

Sich neidlos mitfreuen können ist die größere Kunst, als mit jemandem mittrauern!

Heiterkeit

Nur durch Heiterkeit geht der Weg zur Erlösung.

KSA 1, 317 (gek.)

Heiterkeit ist für Nietzsche ein ganz wichtiges Lebensprinzip.

Könnte genauso eine buddhistische Weisheit sein!

Besclheidenheit

Der Unterleib ist der Grund dafür, dass sich der Mensch nicht so leicht für einen Gott hält.

JGB IV 141

Wer Durchfall oder Hämorrhoidenschmerzen kennt, weiß, was Nietzsche gemeint hat.

Angeber

**Blas dich nicht auf, sonst bringet dich
zum Platzen schon ein kleiner Stich.**

FW Scherz 21

Dazu der Volksmund: Hochmut kommt vor dem Fall.

Große Menschen

Was helfen alle Blasebälge! Zuletzt fährt der Wind heraus.

Z IV Der Zauberer 2

„So manchen fand ich schon, der streckte und blähte sich, und das Volk schrie: Seht da, einen großen Menschen! Aber was helfen alle Blasebälge! Zuletzt fährt der Wind heraus."

Verleumden

Menschen, welche man nicht leiden kann, sucht man schlecht zu machen.

MA I, 557 (gek.)

Im Original: „...sucht man sich zu verdächtigen.“

Fanatismus

Fanatismus ist die einzige Willensstärke, zu der auch die Schwachen gebracht werden können.

FW 347 (gek.)

Geht durch die ganze Geschichte: Gejohle bei Hexenverbrennungen, Kreuzzüge, Heil-Rufe, Islamisten...

„Die Fanatiker sind pittoresk: die Menschheit sieht lieber Gebärden, als dass sie Gründe hört.“

Deswegen Symbole (Fahnen, Armbinden,...) und rhetorische Gesten.

Barbarei

Ein Zeitalter der Barbarei beginnt, die Wissenschaften werden ihm dienen.

N 9, 395

Schon eingetreten mit Gaskrieg, Splitterbomben und Atombombe.

Eitelkeit

Der Mensch hat eine wahre Wollust darin, sich durch übertriebene Ansprüche zu vergewaltigen.

MA I, 137 (gek.)

„und nachher diese tyrannisch fordernde Etwas zu vergöttern. Dieses Zerbrechen seiner selbst ist eigentlich ein sehr hoher Grad von Eitelkeit."

Man denke z.B. an die Hobby-Marathonläufer, die laufen, bis sie zusammenbrechen.

Für Nietzsche zählt auch die Askese zu den sich selbst quälenden Moralvorschriften.

Vergessen

Vergessen ist der kürzeste Weg zum Glück.

N 7, 694 (gek.)

Diese Lebensweisheit kann man auch bei anderen Autoren finden, z.B. in Watzlawicks Buch „Anleitung zum Unglücklichsein“ mit der Kernaussage „Denk nicht zurück!“ oder auch in der Operette Die Fledermaus „ Glücklich ist, wer vergisst...“

Verbotener Rückblick

Wie heißt das, was in Ketten schlägt? Es war.

Z II Von der Erlösung (gek.)

Zurückblicken erstarrt. Das ist schon eine alte biblische Lebensweisheit:

Gott sprach zu Lot: „Schaue nicht hinter dich!“ Lots Frau aber blickte zurück nach der Stadt Sodom und erstarrte zur Salzsäule! (1 Mose 19, 17 - 26)

Machtstreben

Die Liebe zur Macht ist der Dämon des Menschen.

M IV, 262

„Nicht die Notdurft, nicht die Begierde, nein, die Liebe zur Macht ist der Dämon des Menschen. Man gebe Ihnen alles: Gesundheit, Nahrung, Wohnung, Unterhaltung – sie sind und bleiben unglücklich und grillig. Man nehme ihnen alles und befriedige ihr Machtstreben: so sind sie glücklich.“

Man denke an Diktatoren in Bunkern, sie verzichten für die Macht auf das freie oberirdische Leben.

Übrigens völlige Übereinstimmung mit Maslows Bedürfnispyramide – das Machtstreben steht an der Spitze! Wurde Maslow etwa von Nietzsche inspiriert?

Gastfreundschaft

Der Sinn der Gastfreundschaft ist, das Feindliche im Fremden zu lähmen.

M 319

Erklärt die außerordentliche Gastfreundschaft der Orientalen.

Aber auch unser Grüßen und Händeschütteln ist ein Abtasten.

Geselligkeit

Wir betäuben uns durch Geselligkeit.

KSA 1, 379

Zutreffend vom Stammtisch bis zur lärmenden Disko!

„Wir fürchten uns, wenn wir allein und stille sind.“

Vor dem Nichts? Vor der Sinnlosigkeit?

Falschheit

Wenn die Lüge zu unserem Charakter passt, lügen wir am besten.

N 9, 101

Manche sind darin Meister…

Langeweile

Ist das Leben nicht hundert Mal zu kurz, um sich in ihm - zu langweilen?

JGB 227

Das hängt halt von der Intellektualität ab...

Freunde

Es wird nur wenige geben, welche, wenn sie um Stoff zur Unterhaltung verlegen sind, nicht die geheimeren Angelegenheiten ihrer Freunde preisgeben.

MA I, 327

Wie wahr!

Gilt auch für die berühmte „beste Freundin“, die nichts weitersagt...

Verschwiegenheit

Nichts teilen wir so gern an andere mit als das Siegel der Verschwiegenheit – samt dem, was darunter ist.

FW 197

Nichts wird verlässlicher weitergesagt als ein Geheimnis…

Eile

Wenn das Haus brennt, vergisst man sogar das Mittagessen.

JGB 4, Sprüche 83

Heute heißt das in der nüchternen Sprache der Biologen: Dem Fluchtreflex (Adrenalin) wird alles untergeordnet.

Herabsetzen

Wer das Hohe eines Menschen nicht sehen will, blickt umso schärfer nach dem, was niedrig an ihm ist.

JGB Aph 275 (gek.)

„...und verrät sich selbst damit", nämlich seine niedrige Gesinnung.

Grausamkeit

Der Mensch sinkt, wen er einmal sinkt, immer unter das Tier.

N 8, 137/138

Man denke an Folter, Rachsucht, Massaker, KZ.

Die Geschichte der Menschheit ist eine Geschichte der Grausamkeit.

Grausame Menschen

Grausame Menschen sind zurückgebliebene Menschen.

MA I, 43 (gek.)

„als Stufen früherer Kulturen, welche übriggeblieben sind, deren Gehirn nicht fortgebildet worden ist. Sie zeigen uns, was wir waren und machen uns erschrecken. Aber sie selber sind so wenig verantwortlich, wie ein Stück Granit dafür, dass es Granit ist.

Das Gebirge der Menschheit zeigt hier einmal die tieferen Formationen, welche sonst versteckt liegen."

Aggression

Die Affen sind zu gutmütig, als dass der Mensch von Ihnen abstammen könnte.

N 11, 74

Vergleiche die Römerweisheit: homo homini lupus (Der Mensch ist dem Menschen ein Wolf).

Und Schopenhauers negatives Menschenbild: „Die Wilden fressen einander, die Zivilisierten betrügen einander.“

Verstand

Ich fürchte, die Tiere betrachten den Menschen als ein Wesen ihresgleichen, das den gesunden Tierverstand verloren hat.

FW 72

Nietzsche bewundert die Instinktsicherheit der Tiere, nicht die „Vernunft" des Menschen.

„Der Mensch ist das von seinen Instinkten abgeirrte Tier, freilich auch das interessanteste."

AC 14 (gek.)

Lärm

Wo die Einsamkeit aufhört, da beginnt der Markt.

Z I Von den Fliegen des Marktes

„Und wo der Markt beginnt, da beginnt auch der Lärm der großen Schauspieler (Politiker, von Nietzsche „Aufführer“ genannt) und das Geschwirr der giftigen Fliegen (Bosheit und Intrige der Mitmenschen).“

Deswegen zog Nietzsche die Berg-Einsamkeit vor.

„Fliehe, mein Freund, in deine Einsamkeit und dorthin, wo eine raue, starke Luft weht. Nicht ist es Dein Los, Fliegenwedel zu sein.“

Diskutieren

Wer seine Gedanken nicht auf Eis zu legen versteht, der soll sich nicht in die Hitze des Streites begeben.

MA I, 315

Dazu Silesius: „Sage nicht alles was du weißt, aber wisse immer, was du sagst!“

Fuchs und Trauben

Ein rechter Fuchs nennt nicht nur die Trauben sauer, welche er nicht erreichen kann, sondern auch die, welche er erreicht und anderen vorweggenommen hat.

MA II Wanderer 244

Um keinen Neid zu erwecken!

Recht

Niemand spricht leidenschaftlicher von seinem Recht als der, welcher Zweifel an seinem Recht hat.

MA I, 597

“In dem er die Leidenschaft auf seine Seite zieht, will er den Verstand betäuben.”

Eitelkeit

Jeder Mann hat so viel Eitelkeit, als es ihm an Verstand fehlt.

KSA 1, 293 (gek.)

„Die Menschen drängen sich zum Licht, nicht um besser zu sehen, sondern um besser zu glänzen."

Geschenke

Durch Geschenke erwirbt man keine Rechte.

MA I, 311

Der Beschenkte fühlt sich verpflichtet.

„Eine feine Seele bedrückt es, sich jemanden zum Dank verpflichtet zu wissen; eine grobe, sich jemandem.“

MA I, 330

Sterbehilfe

Es gibt kein Recht, wonach wir einem Menschen das Sterben nehmen: dies ist nur Grausamkeit.

MA I, 88 (gek.)

Nietzsche dachte dabei auch an Menschen, die am Leben philosophisch leiden. Er ist gegen die Ächtung des Selbstmordes.

Aktuell haben wir die Diskussion über die Sterbehilfe für unheilbar Kranke. Nietzsche würde sie bejahen. Siehe Zitat.

Sterben

Man soll vom Leben scheiden wie Odysseus von (seiner Geliebten) Nausikaa schied – mehr segnend als verliebt.

JGB IV 96 (gek.)

Segnend heißt hier: gut heißen, was war, wie das Leben verlaufen ist.

Kant soll solchermaßen gestorben sein, mit den Worten: „Es ist gut so!“.

Hoffnung

Die starke Hoffnung ist ein viel größeres Stimulans des Lebens, als irgendein wirklich eintretendes Glück.

AC 23

Vorfreude ist die größte Freude!

Echte Freundschaft

Es gibt Kameradschaft, möge es Freundschaft geben!

Z I Vom Freunde

Nietzsche selbst hatte nur wenig echte Freunde und beklagt die Oberflächlichkeit:

„Wie viel ihr dem Freunde gebt, das will ich noch meinem Feinde geben!"

Und: **„Der Freund sei Euch das Fest der Erde und ein Vorgefühl des Übermenschen."**

Z I Von der Nächstenliebe

Mittelweg

Bist du ein Tyrann? So kannst du nicht Freunde haben. Bist du ein Sklave? So kannst Du nicht Freund sein.

Z I Vom Freunde

Der Mittelweg ist gefragt!

Umlernen

Wenn wir über jemanden umlernen müssen, so rechnen wir ihm die Unbequemlichkeit hart an, die er uns damit macht.

JGB IV 125

Einen Ersteindruck zu korrigieren, ist allgemein sehr mühsam!

Werten

Ohne Schätzen wäre die Nuss des Daseins hohl.

Z I Von tausend und einem Ziele

In heutiger Sprache:

Ohne Werten wäre die Nuss des Daseins hohl.

Von der Olympiade bis zu Fernsehshows: der Mensch hat eine starke Freude am Werten!

Nietzsche meinte es auch philosophisch:

„Den Wert legte erst der Mensch in die Dinge, er schuf erst den Dingen Sinn, einen Menschen-Sinn.“

Lachen

Nicht durch Zorn, sondern durch Lachen tötet man.

Z IV Das Eselsfest

Das Prinzip jedes Kabaretts.

Man denke auch an Charlie Chaplins berühmte Hitler-Parodie.

Kind bleiben

Wir meinen, das Märchen und das Spiel gehöre zur Kindheit. Als ob wir in irgendeinem Lebensalter ohne Märchen und Spiel leben möchten!

MA II Meinungen 270

„Die Kürze des Lebens sollte uns vor dem pedantischen Scheiden der Lebensalter bewahren und einmal den Menschen, der wirklich ohne Märchen und Spiel lebt, vorführen.“ (gek.)

Ungebundenheit

Man muss noch Chaos in sich haben, um einen tanzenden Stern gebären zu können.

Z Vorrede 5

Oft gedruckt auf T-Shirts der „68er-Generation“ (Studentenrevolte, Hippie, Flower Power) als Freisein von Althergebrachtem.

Nietzsche hat Angst vor der sich einschleichenden Bequemlichkeit des Menschen, vor der „großen Müdigkeit“, Neues zu schaffen:

„Wehe! Es kommt die Zeit, wo der Mensch keinen Stern mehr gebären wird. Wir haben das Glück erfunden, sagt der letzte Mensch und blinzelt.“

Und meint damit die Behäbigkeit der Wohlstandsgesellschaft.

Hokuspokus

Man nimmt die unerklärte dunkle Sache wichtiger als die erklärte helle.

MA I, 532

Geister- und Aberglaube sind mit der Menschheit seit jeher untrennbar verbunden.

Davon leben ja auch alle Gespenstergeschichten, wenn aus dem Knacken im Gebälk ein Poltergeist wird...

Ziel und kein Ziel

Der Mensch braucht ein Ziel – und eher will er noch das Nichts wollen als nicht wollen.

GEN III, 1 (gek.)

„Dass aber das asketische (enthaltsame, verzichtende) Ideal dem Menschen so viel bedeutet, darin drückt sich sein horror vacui (seine Angst vor der Leere) aus: **er braucht ein Ziel.**“

Das ist Nietzsches psychologische Erklärung der Askese, dem „Widerwillen gegen das Leben“, sodass er am Schluss der Genealogie der Moral dieses Zitat sogar wiederholt:

„Lieber noch will der Mensch das Nichts wollen, als nicht wollen.“

Aus heutiger Sicht gehört auch der Vandalismus hierher und die Zerstörungswut anarchistischer Demonstranten (Stichwort „Schwarzer Block“): lieber Zerstören als keinen Plan haben.

Innere Leere

Die Wüste wächst: Weh dem, der Wüsten birgt!

Z IV Wüste 2

Eines der berühmtesten Nietzsche-Zitate!

Die „Wüste“ ist der Nihilismus, die Sinnleere.

Auch wer sich durch Lebensgenuss abzulenken glaubt, bleibt innerlich leer, tot:

„**Vergiss nicht Mensch, den Wollust ausgeloht, du bist der Stein, die Wüste, bist der Tod**.“

Frauen

und

Ehe

Die Peitsche

Du gehst zu Frauen? Vergiss die Peitsche nicht!

Z I Von alten und jungen Weiblein

Dieses wohl berühmteste aller Nietzsche-Zitate, der Volksmund machte daraus: „Wenn Du zum Weibe gehst, vergiss die Peitsche nicht!“, ist zugleich sein missverständlichstes!

Er schrieb diese Worte auf eine Fotografie, die er selber arrangierte und auf welcher Lou von Salome auf einem Leiterwagen kniend eine „Peitsche“ schwingt (bei genauem Hinsehen nur ein Fliederzweig). Vor den Wagen gespannt sind Nietzsche und Paul Ree, die beide die Dame verehrten, aber beide mit ihren Heiratsanträgen von ihr abgewiesen wurden.

Der Sinn des Zitates ist also nicht ein Macho-Gehabe, sondern:

Du gehst zu Frauen, vergiss ihre Peitsche nicht, d.h. vergiss nicht, wie sie Dir durch Zurückweisung weh tun können!

Lou reichte dieses Foto, welches ihr, mit den Männern am Zügel, sichtlich gefiel, bei den Bayreuther Festspielen herum und löste damit im patriarchalischen 19. Jahrhundert einen Skandal aus. Nietzsches Mutter schrieb an ihren Sohn, er sei eine Schande für das Grab seines Vaters...

Nietzsches Schwester Elisabeth wusste nicht um den Sinn des Fotos und verstärkte sogar „diese etwas herbe Wahrheit“ mit den Worten: „Es gibt in ihren Trieben und Charakteren ungebändigte Frauen, die des Herrn, und zwar des starken Herrn bedürfen, um im Zaum gehalten zu werden.“

Von der heftigen Wirkung dieses Peitschen-Spruches vollkommen überrascht, übernahm ihn Nietzsche in den ein Jahr später erscheinenden Zarathustra. Ein altes Weiblein sagt dort zu Zarathustra **„Nimm eine kleine Wahrheit und halte ihr den Mund, sonst schreit sie überlaut“**, was dann auch durch die rasante Verbreitung tatsächlich eingetreten ist!

Weibliche List

Du willst ihn für Dich einnehmen? So stelle dich vor ihm verlegen.

JGB 113

Also den Beschützerinstinkt ansprechen...

Nachtlied

Nacht ist es: nun erst erwachen alle Lieder der Liebenden. Und auch meine Seele ist das Lied eines Liebenden.

Z II Das Nachtlied

Eine allgemeine Erfahrung: Romantik ist an gedämpftes Licht gebunden.

Nietzsche schrieb diese Zeilen, als er in Rom von seinem Hotelzimmer auf die nächtliche Piazza Barberini blickte und an die geliebte Lou dachte.

Das Nachtlied war eine der Lieblingsstellen Nietzsches in seinem Zarathustra.

Männer

Nur wer Manns genug ist, wird im Weibe das Weib erlösen.

Z III Von der verkleinernden Tugend

Nietzsche hatte großen Respekt vor der Gefühlskraft der Frau, daher dieser kritische Blick auf die Männer.

Ledig geblieben

Nie noch fand ich das Weib, von dem ich Kinder mochte!

Z III Ja- und Amen-Lied

Eine super Ausrede für ewige Junggesellen!

Saure Trauben auch für Nietzsche? Hätte er nie zugegeben!

Nietzsche verband daher diese Worte mit seiner philosophische Sinn-Suche, wo er erst bei der Bejahung der Ewigen Wiederkehr die ersehnte Ruhe fand: „Es sei denn dieses Weib, das ich liebe: denn ich liebe dich, o Ewigkeit!“

„Das schwache Geschlecht“

Die Frauen sind erfinderisch in Schwächen.

FW 66 (gek.)

„So wehren sie sich gegen alles Faustrecht.“

Der Einfallsreichtum der Frauen wird von Nietzsche „Die Stärke der Schwachen“ genannt.

Schmeichelei

In der Gesellschaft wäre kein Sonnenschein, wenn ihn nicht die geborenen Schmeichelkatzen mit hineinbrächten.

MA II Wanderer 252

Und als Nachsatz:

“Ich meine die sogenannten Liebenswürdigen.”

Unüberlegte Heirat

Fern bleibe mir der Gott, der heranhinkt, zu segnen, was er nicht zusammenfügte!

Z I Von Kind und Ehe

Und weiter: „Würdig schien mir dieser Mann und reif für den Sinn der Erde: aber als ich sein Weib sah, schien mir die Erde ein Haus für Unsinnige."

Gilt natürlich auch umgekehrt!

Partnerwahl

Das Weib raubt nicht, es stiehlt.

FW Scherz 22

„Raub´ dir das Weib, für das dein Herze fühlt! - so denkt der Mann. Das Weib raubt nicht, es stiehlt.“

Die Frau ist der raffiniertere Partner!

Wildheit

Was am Weib oft genug Furcht einflößt, ist seine Tigerkralle unter dem Handschuh.

JGB 239 (gek.)

„Seine Natur ist natürlicher als die des Mannes."

Xanthippe

Ein verheirateter Philosoph gehört in die Komödie.

GEN III, 7

„Und jene Ausnahme Sokrates hat sich, so scheint es, aus Ironie verheiratet, um diesen Satz zu demonstrieren."

„Der Freigeist muss es vorziehen, allein zu fliegen."
MA I, 426 (gek.)

Die meisten Philosophen waren ledig. Eine Familienidylle passte scheinbar nicht zum „Image" und Arbeitsumfeld eines Philosophen. Buddha und Rousseau z.B. haben sogar ihre Familie mit Kindern verlassen, aus heutiger Sicht eiskalt.

Blinde Liebe

Mitunter genügt schon eine starke Brille, um den Verliebten zu heilen.

MA I, 413

Hier irrt Nietzsche. Liebe macht blind und einem Verliebten ist nicht zu helfen. Ihm selbst erging es gegenüber Lou auch nicht anders.

„Man sollte die Schwüre der Liebenden öffentlich für ungültig erklären." MOR III, 151

„Mancher findet sein Herz nicht eher, als bis er seinen Kopf verliert". N 10, 396

„Trauzeuge“

Sind nicht die meisten Ehen der Art, dass man keinen Dritten als Zeugen wünscht? Und gerade dieser Dritte fehlt fast nie – das Kind!

M III, 151

Wie modern!

Und wie lange hält diese Ehe dann?

Kinder

Nicht nur fort sollst du dich pflanzen, sondern hinauf!

Z I Von Kind und Ehe

Und weiter: „Ehe: so heiße ich den Willen zu zweien, etwas zu schaffen, das mehr ist, als die es schufen. Das sei der Sinn deiner Ehe“.

Im Sinne einer Weiterentwicklung der Menschheit schüttelt Nietzsche über die „Viel-zu-vielen Ehen“ den Kopf und wünscht sich:

„Der Strahl eines Sternes glänze in eurer Liebe! Eure Hoffnung heiße: Möge ich den Übermenschen gebären!“ Z I Weiblein

Nietzsche als Hochzeitsredner?? Naja.

Jung geblieben

Spät jung erhält lang jung.

Z I Von Kind und Ehe

Man denke an späte Familiengründungen. Warum nicht?

Zarathustra ist gegen zu frühe Heirat:

„Du bist jung und wünschest dir Kind und Ehe. Aber ich frage dich: bist du ein Mensch, der ein Kind sich wünschen darf? Bist du der Gebieter deiner Sinne, Oder redet aus deinem Wunsche die Vereinsamung?"

Lange Ehe

Die meiste Zeit der Ehe gehört dem Gespräche an.

MA I, 406 (gek.)

Davor: „Man soll sich beim Eingehen einer Ehe die Frage vorlegen: **Glaubst Du, dich mit diesem Partner bis ins Alter hinein gut zu unterhalten**? Alles andere in der Ehe ist vergänglich."

Dieser Aphorismus wurde von Nietzsche übertitelt mit: „Die Ehe als langes Gespräch."

Gute Ehe

Wenn die Ehegatten nicht beisammen lebten, würden die guten Ehen häufiger sein.

MA I, 393

Aufeinanderkleben engt ein.

Aber wer kann sich schon zwei Wohnungen leisten?

Und Distanz erfordert Vertrauen.

Ehebruch

Wohl brach ich die Ehe, aber zuerst brach die Ehe - mich!

Z III Von alten und neuen Tafeln 24

So klagte einst ein Weib Zarathustra ihr Leid.

Liebe

In jeder Art der weiblichen Liebe kommt auch etwas von der mütterlichen Liebe zum Vorschein.

MA I, 392

Die mütterliche Liebe hat Nietzsche sehr wohl erfahren, die andere eher weniger (bis gar nicht).

Aus Liebe

Was aus Liebe getan wird, geschieht immer jenseits von Gut und Böse.

JGB IV 153

Hier zitiert Nietzsche seinen eigenen Buchtitel.

Voreilig

Hüte dich vor den Anfällen deiner Liebe!
Zu schnell streckt der Einsame dem die Hand entgegen, der ihm begegnet.

Z I Vom Wege des Schaffenden

Besonders ein gerade verlassener Mensch verliebt sich oft viel zu schnell wieder!

Spinnennetz der Erkenntnis

Wir können gar nichts fangen, als was sich in unserem Netz fangen lässt.

M 117 (gek.)

Nietzsche meint damit unsere begrenzten Erkenntnismöglichkeiten (begrenzt durch Sinne und Denkkategorien, vgl. Kant).

„Unsere Sinne haben uns in Lug und Trug eingesponnen“, die „wahre Welt“ ist nicht erkennbar.

Das erste Zitat kann man aber auch auf die Partnerwahl anwenden:

Die Ziege muss dort grasen, wo sie angebunden ist!

Machos

Je mehr sie sich geliebt wissen, desto rücksichtsloser werden sie.

MA II Wanderer 232

"Bis sie endlich der Liebe nicht mehr würdig sind."

Beziehungssüchtige

Das Haben-Wollen geht mit dem Haben zu Ende.

FW 363

Und dann kommt bei einem Beziehungssüchtigen (attraction junkie) sofort der Wunsch nach der nächsten Partnerschaft...

Verschmähte Liebe

Die Forderung, geliebt zu werden, ist die größte aller Anmaßungen.

MA I, 523

Man kann Gefühle nicht erzwingen, und die Liebe schon gar nicht!

Aber Stalker sind unbelehrbar.

Dazu Plato: „Die Liebe ist in dem, der liebt, nicht in dem, der geliebt wird.“

Konfliktfreiheit

Ein Hausmittel für Ehe und Freundschaft, reichlich erprobt: Geduld.

FW 364 (gek.)

Wenn ein Wort das andere gibt, bringt das nur Unfrieden.

Eingesperrt

Die Frauen sind von den Männern bisher wie Vögel behandelt worden – als etwas, das man einsperren muss, damit es nicht davonfliegt.

JGB 237 (gek.)

„als etwas Feineres, Verletzlicheres, Süßeres“.

Bei uns ist das Einsperren vorbei, aber im Orient leider immer noch zu finden.

Verlust

Erst wenn Du die Stadt verlassen hast, siehst du, wie hoch sich die Türme erheben.

MA II Wanderer 307 (gek.)

Oft macht erst der Verlust bewusst, was man an seinem Partner gehabt hat!

Aber dann ist es zu spät.

Politik

Anhänger

Du suchst Anhänger? Suche Nullen!

GD Sprüche 14 (gek.)

Ein bewährter Rat.

Mitläufer

Starke Wasser reißen viel Gestrüpp mit sich.

MA I, 541

„und starke Geister viele dumme Köpfe.“ (gek.)

Große Bewegungen haben immer auch dumme Mitläufer.

Fanatismus

Der Irrsinn ist bei Einzelnen etwas Seltenes, aber bei Gruppen, Parteien, Völkern und Zeiten die Regel.

JGB 156

Die Beispiele aufzuzählen würde das Büchlein sprengen.

Massenveranstaltungen

Wenn hundert beieinander stehen, verliert ein jeder seinen Verstand.

N 10, 178

„...und bekommt einen anderen."

Nämlich den des Idols.

Massenpsychose genannt.

Wehrpflicht

Der größte Nachteil der Volksheere besteht in der Vergeudung von Menschen der höchsten Zivilisation.

MA I, 442 (gek.)

Nietzsche konnte es nicht verstehen, dass sich schon die alten Griechen, das erste europäische Kulturvolk, gegenseitig bekriegten.

„Aber wie die Griechen im Griechenblut wüteten, so die Europäer jetzt in Europäerblut."

(Nietzsche machte den deutsch-französischen Krieg 1870 als Sanitäter mit.)

Dabei kannte er noch gar nicht die beiden schrecklichen Weltkriege mit Verdun und Stalingrad!

„Dass man die Auslese von Kraft und Jugend vor die Kanonen stellt, ist Wahnsinn!" N 13, 645 (gek.)

Sozialstaat

Je besser der Staat eingerichtet ist, desto matter die Menschheit.

N 8, 91

Ahnte Nietzsche etwa die nachlassende Eigenvorsorge?

Der heutige Sozialstaat erzieht zum Nichtstun!

Fernsehen

Mit scheint Deutschland in den letzten Jahren eine Schule der Verdummung geworden zu sein.

KSB 8, 31 (1887)

„**Quark und Mist weit und breit**.“

Woher kannte Nietzsche die Fernseh-Shows, bei denen nur die Einschaltquoten zählen??

Meinungsfilter

Dem Staat ist es nie an der Wahrheit gelegen, sondern immer nur an der ihm nützlichen Wahrheit.

UB 9

Man denke an die Zensur, die staatlich gelenkten Fernsehanstalten und an die Presseförderung.

Mächtige

Die Mächtigen erfahren fast nie die volle Wahrheit, denn in ihrer Gegenwart lügt man unwillkürlich.

M 451 (gek.)

Und weiter:

„Wollen Menschen dieser Art die Wahrheit hören, müssen sie sich einen Hofnarren halten.“

Was in der Vergangenheit auch geschah.

Klassenkampf

Das Wohl der Meisten und das Wohl der Wenigsten sind entgegengesetzte Gesichtspunkte.

GM I, 17

Eine Analyse. Gilt für das Militär ebenso wie für die Wirtschaft.

Feldherrn verheizen ihre Armeen für ihren Ruhm, Unternehmer stehen im Klassenkampf mit den Arbeitern: Gewinnerhöhung gegen Lohnerhöhung.

„Das Wohl der Meisten" war Nietzsche kein Anliegen, deswegen konnte seine Philosophie auch keine Breitenwirkung erlangen.

Den Notstand der Arbeiterklasse im 19. Jahrhundert hat er nicht gekannt oder nicht gesehen.

Gleichheit

Die Menschen sind nicht gleich: so spricht die Gerechtigkeit.

Z II Von den Gelehrten

Der Pöbel aber blinzelt: „wir sind alle gleich".

Typisch für Nietzsches Lehre vom höheren Menschen und seine Verachtung für die „Viel-zu-Vielen".

Nietzsches elitäre Einstellung ist eine Ursache für seine Vernachlässigung im Literatur-Unterricht. Dabei meinte er:

„Ich bilde mir ein, mit diesem Zarathustra die deutsche Sprache zu ihrer Vollendung gebracht zu haben. Es war, nach Luther und Goethe, noch ein dritter Schritt zu tun. Sieh zu, ob Kraft, Geschmeidigkeit und Wohllaut je so beieinander gewesen sind!" KSB 6, 490

Kommunismus

Der Sozialismus (Kommunismus) überbietet alles Vergangene dadurch, dass er die Vernichtung des Individuums anstrebt.

MA I 473 (gek.)

Deswegen ist Nietzsche mit seiner elitären, das Individuum schätzenden Philosophie antisozialistisch eingestellt und hasst die Gleichschaltung totalitäre Systeme.

„**Der Sozialismus ist der jüngere Bruder des Despotismus**".

Diese Bevormundung wirft Nietzsche dem Sozialismus vor, der **„so viel Staat wie möglich"** will." MA I, 473.

Albtraum Stalin, Mao, DDR und Nordkorea.

Auch die NS-Diktatur wäre dem Individualisten Nietzsche zuwider gewesen, ebenso wie er Nationalismus und Rassenhass ablehnte. (vgl. FW 377)

Individuum

Wo der Staat aufhört, da beginnt erst der Mensch.

Z I Götzen

Nietzsche waren staatliche Bevormundung, Zensur und Reglementierung verhasst!

Und heute erleben wir, noch schlimmer, eine komplette elektronische Überwachung!

Und die Herdentiere schweigen.

Führungskonflikt

Die Starken streben auseinander, die Schwachen zueinander.

GM III, 18 (gek.)

Das ist die Erklärung dafür, warum sich Parteien und, in der Geschichte, oft ganze Reiche selbst zerstören.

Die „Schwachen" hält Nietzsche übrigens für die klügere Spezies Mensch, weil sie raffinierter und damit erfolgreicher ist.

Feldherren

Der große Mensch ist ein öffentliches Unglück.

N 9, 626

Nietzsche übernimmt hier ein chinesisches Sprichwort.

Und über Napoleon meint er:

„Napoleon - eine Synthese von Unmensch und Übermensch." GM I, 16

Das ständige Sterben auf den Schlachtfeldern ist für Nietzsche sinnlos. In Napoleon, den er höchst bewunderte, sieht er das „fleischgewordene Problem des vornehmen Ideals".
Nietzsche bekommt also manchmal selber Zweifel, ob der von ihm propagierte rücksichtslos brutale Übermensch wirklich das erstrebenswerte Ideal ist...

Volksredner

Eine Behauptung wirkt stärker als ein Argument.

MA II Meinungen 295

„...wenigstens bei der Mehrzahl der Menschen. Deshalb suchen Volksredner die Argumente ihrer Partei durch Behauptungen zu sichern.“

Dazu Goebbels: „Eine Lüge muss nur oft genug wiederholt werden, um geglaubt zu werden.“

Demokratie

Alle Parteien sind jetzt genötigt, dem Volke zu schmeicheln.

MA II Wanderer 292

Nietzsche erlebte das Aufkommen des allgemeinen Wahlrechts und damit das Aufkommen der Wahlversprechen.

Wäre Lügen verboten, müsste der Beruf des Politikers wohl verboten werden.

Schule

Lehrer

Wer von Grund aus Lehrer ist, nimmt alle Dinge in Bezug auf seine Schüler ernst – sogar sich selbst.

JGB IV 63

Wenn sie es bloß nicht übertreiben!

Entfaltung

Du sollst der werden, der du bist.

FW 270

„Und dich nicht verbiegen lassen."

Auch Goethe sieht die eigene Entfaltung als ganz wichtig an: „Wer mit einem Talent geboren ist, der findet in demselben sein schönstes Dasein."

Oberflächlichkeit

Die Menschen durchleben zu viel und durchdenken zu wenig.

MA 203

Gilt heutzutage besonders für Schüler mit ihrer Ablenkung durch Videospiele, Handy und Internet.

Und den sich durch Lesen fortbildenden Menschen gibt es überhaupt nur noch selten.

Gesamtschule

Alle öffentlichen Schulen sind auf die mittelmäßigen Naturen eingerichtet.

N VIII 314

Schon zu Nietzsches Zeiten schickten daher ehrgeizige Eltern ihre Kinder in Privatschulen.

Nietzsche selber kam an das Begabtengymnasium Schulpforta bei Naumburg.

Aufstieg

Nicht woher ihr kommt, mache euch Ehre, sondern wohin ihr geht!

Z III Tafeln 12

Eines der widerspüchlichen Zitate Nietzsches, denn er hat sonst eine monarchiefreundliche Einstellung. Hier aber:

„Nicht zurück soll euer Adel schauen, sondern hinaus.“

Beruf

Selbsttätigkeit

Wollt ihr hoch hinaus, so braucht die eignen Beine!

Z IV Vom höheren Menschen IV

Und weiter: **„Lasst euch nicht emportragen, setzt euch nicht auf fremde Rücken und Köpfe! Sonst lahmt dein Fuß, wenn du an Deinem Ziele bist“.**

Weitermachen

Wie komme ich den Berg hinan?

Steig nur hinauf und denk nicht dran!

FW Vorspiel 16

Nicht aufgeben!

Stress

Wir sind allesamt hübsch belastbare Esel.

Z I Lesen und Schreiben

Sonst wäre „Stress“ nicht so ein Modewort geworden und wir würden früher Nein-Sagen lernen.

Gewinnstreben

Die Jagd nach Gewinn zwingt fortwährend zu Überlisten oder Zuvorkommen".

FW 329 (gek.)

Und weiter: „**Die eigentliche Tugend ist jetzt, etwas in weniger Zeit zu tun als ein anderer.**"

Wie modern! Und das ist auch das stressige Prinzip der Börsenmakler.

Großstadtgetriebe

Wenn ich mir in volkreichen Städten die Tausenden ansehe, wie sie mit dem Ausdrucke der Dumpfheit oder der Hast vorübergehen, so sage ich mir immer wieder, es muss ihnen schlecht zumute sein.

UB IV, Wagner 5

Und das schon damals?

Hat sich an der Beziehungslosigkeit der Masse etwas geändert?

Sinnlose Hektik

Was liegt an einer Zeit, die keine Zeit hat?

N 9, 513

Nietzsches Ideal ist die beschauliche Lebensweise, die „vita contemplativa“, das heißt, Zeit zum **„Spazierengehen mit Gedanken und Freunden“.**

FW IV, 329

Nietzsche wartete übrigens auf seine Leser:

„Man hat keine Zeit für mich? Gut, so werde ich warten.“

Stress

Es schweigt mir jegliche Natur

beim Ticktack von Gesetz und Uhr.

FW Scherz 48

Ein eingeengter Tagesablauf ist nach Nietzsches Meinung unnatürlich und gar nicht nach seinem Geschmack.

Freiheit

Wer von seinem Tag nicht zwei Drittel für sich hat, ist ein Sklave.

MA I, 283

Nietzsche hat als Frührentner leicht reden!

Workoholics

Trachte ich denn nach Glücke? Ich trachte nach meinem Werke!

Z IV Das Zeichen

Ein ganz wichtiges Nietzsche-Zitat, denn es ist die Analyse der Workoholics:

Das Vorantreiben des Werkes ist die Befriedigung aller Arbeitsbesessenen.

Betraf übrigens auch Nietzsche selber!

Erfolg

Hilf dir selber: dann hilft dir noch jedermann.

GD Sprüche 9

Nietzsche will den tatkräftigen Menschen, nicht den wartenden.

Selbstüberschätzung

Man soll von sich nichts wollen, was man nicht kann.

N 13, 9

Sonst bringt man sich und andere zur Verzweiflung!

Begrenztheit

Es ist gut, wenn wir nichts tun, wozu wir nicht stark genug sind.

GM I, 13

Nietzsche sieht darin zwar die „Klugheit niedrigsten Ranges“ (von Insekten, die sich bei Gefahr tot-stellen, abgeschaut), aber viele muten sich wirklich zu viel zu und dann wird es peinlich.

Absturz

Nicht die Höhe, der Abhang ist das Furchtbare!

Z II Von der Menschen-Klugheit

Nietzsche meinte das philosophisch: höchste Erkenntnis kann zur Tiefe des Pessimismus führen.

Der mögliche Absturz gilt aber auch für jede gewagte Unternehmung.
Im Volksmund: Wer hoch steigt, kann tief fallen. Nietzsche drückt dies so aus:

„Man soll über die letzte Sprosse der Leiter hinausschauen, aber nicht auf ihr stehen wollen.“

MA I, 20 (gek.)

Neureiche

Pöbel oben, Pöbel unten.

Z IV Der freiwillige Bettler

„Im Altertum waren die Reichen die Vornehmen, mit Bildung und guter Erziehung, mittlerweile ekelt es Zarathustra vor unseren Reichsten, vor den Sträflingen des Reichtums, welche sich ihren Vorteil aus jedem Kehricht auflesen, vor diesem vergüldeten Pöbel, dessen Väter Langfinger oder Lumpensammler waren.“

Besitz

Besitz besitzt.

MA 317

Nämlich den Besitzenden!

„Nur bis zu einem gewissen Grade macht der Besitz den Menschen unabhängiger, freier;
eine Stufe weiter – und **der Besitz wird zum Herrn, der Besitzer zum Sklaven**.“

Man denke an die Sorgen mit einer Ferienwohnung, an die Angst vor Einbrechern, vor Entführung...

Wer wenig besitzt, wird umso weniger besessen.

Z I Götzen

Übrigens ein typisches Nietzsche-Sprachspiel mit sogar doppelter „Symmetrie“: wenig/weniger und besitzt/besessen.

Besitzgier

Es scheint, dass der Mensch nur handelt, um zu besitzen.

M 281

Das Besitzstreben ist dem Menschen ins Blut gelegt und schon bei Kindern zu beobachten.

Ausnahmen sind eigentlich nur die anspruchslosen Kyniker, wie Diogenes, Buddha oder Jesus, und die Orden der Bettelmönche.

Für die meisten anderen gilt: „Die Bedürfnisse des Luxus sind endlos.“ (Cicero)

Qualität

Was Effekt auf das Auge macht und wenig kostet, das bekommt jetzt das Übergewicht.

MA II Wanderer 280

Damals schon?

Nietzsche bedauerte die Verdrängung des Handwerks durch die aufkommende "Maschinenarbeit", wie er sie nennt.

Forscherdrang

Auf leidenschaftliche Geister wirkt der Blick durch das Tor der Wissenschaft wie der Zauber aller Zauber.

M 450

Und weiter:

„So heftig ist ihre Begierde nach dem Glück der Erkennenden."

Schon Jugendlichen macht Erforschen unglaublich viel Spaß!

Auftreten

Eine gute Haltung zu Pferd stiehlt dem Gegner den Mut.

MA II Meinungen 354

„und dem Zuschauer das Herz."

Ein sicheres Auftreten ist ein wesentlicher Bestandteil des heutigen „Coaching".

Nietzsche kommt deswegen auf das Reiterbeispiel, weil er für kurze Zeit Kavallerieoffizier war.

Depressionen

Gegen jede Art von Trübsal soll man versuchen: Veränderung der Kost und körperliche Arbeit.

M 269 (gek.)

Und nicht wie heute Psychopharmaka oder Alkohol!

„Die Menschen sind gewohnt, nach Mitteln der Berauschung zu greifen."

Für Nietzsche war die Musik ein Antidepressivum und er empfiehlt die Beschäftigung mit ihr.

Beruf

Ein Beruf ist das Rückgrat des Lebens.

MA I, 575

Eines der zutreffendsten aller Nietzsche- Zitate!

Halt im Leben und Identifikation bietet nichts so sehr wie der (richtige) Beruf!

In eigener Sache

Stärke

Was mich nicht umbringt, macht mich stärker!

GD Sprüche 8

Sehr berühmtes Zitat, von Nietzsche mit „Aus der Kriegsschule des Lebens“ betitelt.

Oft auch als „Was uns nicht umbringt, macht uns stärker!“ zitiert.

In seiner Selbstbiografie Ecce Homo taucht das Zitat nochmals auf (Warum ich so weise bin, 2):

„Was ihn nicht umbringt, macht ihn stärker.“

Nietzsche beschreibt hier den wohlgeratenen Menschen und meinte damit sich selbst („Wohlan, denn ich beschrieb eben mich!“), weil er trotz schwerster Migräne-Anfälle das Leben wieder in die Hand nahm, bis dann 10 Jahre später der endgültige Zusammenbruch erfolgte.

Heilung

Das Gift, an dem die schwächere Natur zugrunde geht, ist für den Starken Stärkung.

FW 19

„...und er nennt es auch nicht Gift."

Hat dieselbe Aussage wie das vorige Zitat: „ Was mich nicht umbringt..."

Das Wortspiel „Starken/Stärkung", gleicher Wortstamm, aber andere Wortart, heißt als Stilmittel „Etymologische Figur".

Härte

Gelobt sei, was hart macht!

Z III Wanderer

Eine sehr typische Nietzsche-Aussage!

Wird gerne von nichtwehleidigen Menschen zitiert, zusammen mit: „Was mich nicht umbringt, macht mich stärker“.

Im selben Text heißt es noch:

„Wer sich stets viel geschont hat, der kränkelt zuletzt an seiner Schonung.“

Selbstheilung

Wissend reinigt sich der Leib.

Z I Schenken 2

Ein gesunder Körper weiß, was ihm gut tut.

Ganz analog dazu heißt es im Ecce Homo:

„Ein wohlgeratener Mensch errät Heilmittel gegen Schädigungen."

Zarathustra

Also sprach Zarathustra

„Also sprach“ wird bei Zeitungsinterviews gerne als Überschrift herangezogen.

Es ist der Buchtitel von Nietzsches Hauptwerk und die darin häufig gebrauchte Schlussformel an den Kapitel-Enden. Von Richard Strauss später als Titel für seine Tondichtung verwendet.

Der historische Zarathustra ist ein altpersischer Weiser, der das Weltgeschehen als Kampf zwischen Gut und Böse beschreibt und dessen Name sich Nietzsche „ausborgte“, weil er so mystisch klingt.

Vom Stil her ist Nietzsches Zarathustra eine Bibelparodie. Ein Wanderprediger mit Jüngern, denen er seine Lehre mitteilt.

.

Übermensch

Ich lehre Euch den Übermenschen.

Z Vorrede 3

„Und Zarathustra sprach also zum Volke: Ich lehre euch den Übermenschen. Der Mensch ist etwas, das überwunden (weiterentwickelt) werden soll.

Ihr habt den Weg vom Wurme zum Menschen gemacht, und vieles in euch ist noch Wurm.

Einst wart ihr Affen, und auch jetzt noch ist der Mensch mehr Affe als irgendein Affe.“

Beispiele im Alltag gibt es dafür genug!

Der Übermensch als Ziel

Dass der Mensch eine Brücke sein und kein Zweck, als Weg zu neuen Morgenröten.

Z III Von alten und neuen Tafeln 3 (gek.)

Das Ziel ist die Höherentwicklung.

Selbst der große Verhaltensforscher Konrad Lorenz vermutete, dass der Mensch selber das „Missing Link“ sein könnte und die Evolution weitergeht.

Die Fortführung des Zitats lautet: „Wahrlich, auch neue Sterne ließ ich die Menschen sehn samt neuen Nächten.“ Eine Anspielung auf die Offenbarung des Johannes.

Weiterentwicklung

Alle Wesen bisher schufen etwas über sich hinaus – und ihr wollt die Ebbe dieser großen Flut sein?

Z I, Vorrede 3

„Und lieber noch zum Tiere zurückgehen als den Menschen überwinden?

Was ist der Affe für den Menschen? Ein Gelächter oder eine schmerzliche Scham. Und ebendas soll der Mensch für den Übermenschen sein: ein Gelächter oder eine schmerzliche Scham."

Aufbruch

Herauf nun, herauf du großer Mittag!

Z IV Das Zeichen

So sieht und erhofft Nietzsche den Aufbruch zu seiner Philosophie!

Der oft zitierte „Mittag“ steht für Höhepunkt der Erkenntnis (= Zeit des kürzesten Schattens, Zeit der wenigsten Irrtümer) und für die Entfaltung des Menschen (Höchststand der Sonnenbahn).

Der Schluss des Werkes ist offen:
„**Also sprach Zarathustra und verließ seine Höhle, glühend und stark, wie eine Morgensonne, die aus dunklen Bergen kommt**.“

Diese Schlussworte erklären den Sinn der Fanfare von Richard Strauss: die Pauken sind die mächtigen Schritte Zarathustras, und die Trompeten die Strahlen der aufgehenden Sonne!

Frei

Frei nennst du dich? Deinen herrschenden Gedanken will ich hören und nicht, dass du einem Joche entronnen bist.

Z I Vom Wege des Schaffenden

„Frei wovon? Was schiert das Zarathustra? Hell aber soll mir dein Auge künden: frei wozu?“

Urprinzip

Die Welt ist Wille zur Macht.

JGB 36

Für Nietzsche ist der Wille zur Macht das Urprinzip alles Lebenden.

Alle Lebewesen, von der Pflanze bis zum Menschen, wollen sich durchsetzen, einen Widerstand überwinden.

Deswegen hat auch Nietzsches Schwester Elisabeth seine unveröffentlichten Notizen unter dem Buchtitel „Der Wille zur Macht“ herausgegeben.

„Was ist Glück? Das Gefühl davon, dass die Macht wächst, dass ein Widerstand überwunden wird.“

AC 2

Im Freien

Keinem Gedanken Glauben schenken, der nicht im Freien geboren ist und bei freier Bewegung.

EH klug bin 1

„**Das Sitzfleisch ist die eigentliche Sünde wieder den heiligen Geist**". Aus einer „Studierstube" kommen nur muffige Gedanken...

Nietzsche dichtete im Freien, und mit seiner unbedingten Forderung nach Bewegung in frischer Luft war er seiner Zeit um 100 Jahre voraus.

Nietzsche hatte keinen festen Wohnsitz. Im Sommer war Nietzsche im Engadin, im Winter an der Riviera. Immer mit täglichen langen Spaziergängen. Seine Gedanken notierte er in Notizbücher, um dann abends daraus eine Reinschrift anzufertigen.

Sils-Maria

Von seinem Sommersitz, dem kleinen Ort Sils-Maria im Engadin, führte sein täglicher Lieblingsspaziergang zur Spitze der Halbinsel Chasté, wo er wesentliche Teile des Zarathustra verfasste und sich folgendermaßen erinnert:

Hier saß ich, wartend, wartend, doch auf nichts,
Jenseits von Gut und Böse, bald des Lichts
genießend, bald des Schattens, ganz nur Spiel,
ganz See, ganz Mittag, ganz Zeit ohne Ziel.
Da, plötzlich, Freundin, wurde eins zu zwei
und Zarathustra ging an mir vorbei!

FW Anhang

(Die „Freundin" ist die Sonne, mit der Nietzsche Zwiesprache hält und die seinen Tag begleitet.)

Blühen

Von der Pflanze müssen wir lernen, was Blühen ist.

N 9, 327 (gek.)

Freudvoller und strahlender möchte Nietzsche die Menschen sehen.

Trinkspruch

Zerbrecht mir die Tafeln der Nimmerfrohen!

Z III, 13

Die „Tafeln" sind eine Anspielung auf die Gebote-Tafeln des Moses. Zarathustra hingegen will sinnenfreudige Tafeln aufstellen: „Gut essen und trinken ist wahrlich keine eitle (verwerfliche) Kunst! Zerbrecht, zerbrecht mir die Tafeln der Nimmer-Frohen!"

Jagen wir die Himmels-Trüber,

Welten-Schwärzer, Wolken-Schieber,

Hellen wir das Himmelreich!

An den Mistral, FW Anhang (gek.)

Fröhlichkeit

Verloren sei uns der Tag, wo nicht einmal getanzt wurde!

Z III Tafeln 23

Nietzsches Menschenbild.

Lebenslust

Das Leben ist ein Born der Lust

Z III Tafeln 16 (gek.)

„aber aus wem die Trübsal redet, dem sind alle Quellen vergiftet.“

(Born = dichterischer Ausdruck für Quelle)

Lust am Leben

Doch alle Lust will Ewigkeit.

Z III Das andere Tanzlied, 3

Auch Goethes Faust sucht den glückhaften Augenblick zu behalten um sagen zu können: „Verweile doch, du bist so schön!"

Nietzsche geht aber weiter: der lebensbejahende Mensch bejaht und will sogar die ewige Wiederkehr des Gleichen.

Das zugehörige Gedicht „O Mensch! Gib Acht!" steht auf einer großen Steintafel am Lieblingsort Nietzsches, an der Spitze der Halbinsel Chasté im Silser See (Engadin). Errichtet von Verehrern in seinem Todesjahr 1900. (Nächste Seite)

Ein Tanzlied Zarathustras

O Mensch! Gib Acht!

Was spricht die tiefe Mitternacht?

„Ich schlief, ich schlief,

aus tiefem Traum bin ich erwacht:

die Welt ist tief

und tiefer als der Tag gedacht.

Tief ist ihr Weh.

Lust – tiefer noch als Herzeleid:

Weh spricht: vergeh!

Doch alle Lust will Ewigkeit,

will tiefe, tiefe Ewigkeit!

Z III

Wehleidigkeit spricht: Leben vergeh! Doch der lebensbejahende Mensch will Ewigkeit, hat keine Angst vor einer Ewigen Wiederkehr des Gleichen.

Wiederkunft

War das das Leben? – wohlan! Noch ein Mal!

Z III Gesicht und Rätsel 1

Ein wohlgeratener Mensch bejaht nach Nietzsche die Ewige Wiederkunft, er gestaltet sein Leben so positiv, dass es jederzeit wiederkehren kann. Daher spricht Nietzsche auch vom „Schwergewicht des Handelns“ bei allem und jedem.

Die Ewige Wiederkehr des Gleichen war eine fixe Idee Nietzsches:

„Die ewige Sanduhr des Daseins wird immer wieder umgedreht – und du mit ihr, Stäubchen vom Staube!“

FW IV 341

Qual der Wahl

Wer vom Herkömmlichen abweicht, ist das Opfer des Außergewöhnlichen; wer im Herkömmlichen bleibt, ist der Sklave desselben. Zugrunde gerichtet wird man auf jeden Fall.

MA I, 552

„Nun wähle!"

Nietzsche entschied sich für das Abweichen...

Abschied nehmen können

Stirb zur rechten Zeit!

Z I Vom freien Tode

„Saure Äpfel gibt es, die bis auf den letzten Tag des Herbstes warten.“

Und über die Sesselkleber:

„Und jeder, der Ruhm haben will, muss sich beizeiten von der Ehre verabschieden und die schwere Kunst üben, zur rechten Zeit zu gehen.“

Weiterleben

Der Gedanke an den Selbstmord ist ein starkes Trostmittel: mit ihm kommt man gut über manche böse Nacht hinweg.

JGB 157

Der von heftigster Migräne geplagte Nietzsche spricht hier von sich selbst.

Gedankenschwere

Wissen würgt.

Z III Der Genesende

„Sorrow is knowlegde“ (Wissen ist Sorge) sagte schon Lord Byron. Gilt auch im Alltag („Was ich nicht weiß, macht mich nicht heiß!“).

„Der große Überdruss am Menschen – der würgte mich und war mir in den Schlund gekrochen; und was der Wahrsager sagte: Alles ist gleich, es lohnt sich nichts. “
Für Nietzsche ist das Wissen um die Sinnlosigkeit, um die Wahrheit des Nihilismus, das würgende Wissen, das er aber immer wieder verdrängt. Dazu passend:
„Alle genialen Menschen sind melancholisch“ (omnes ingeniosos melancholicos, Aristoteles) und „Im Denken gibt es kein süßes Leben“ (Aristophanes).

Leiden

So tief der Mensch in das Leben sieht,

so tief sieht er auch in das Leiden.

Z III Gesicht 1

Eine der pessimistischen Stimmungsschwankungen Nietzsches.

Analog zu Buddha: „Alles Leben ist Leiden“. Nietzsche widerspricht Buddha nie, aber er bemängelt den pessimistischen, zu wenig lebensbejahenden Charakter dieser Religion.

Man beachte den schönen Sprachrhythmus!

Gedankenfindung

Der Tau fällt auf das Gras, wenn die Nacht am verschwiegendsten ist.

Z II Die stillste Stunde

Die Stille führt zur Inspiration.

„Die stillsten Worte sind es, welche den Sturm bringen. Gedanken, die mit Taubenfüßen kommen, lenken die Welt."

Alle großen Religionen sind übrigens in der Stille der Wüste entstanden, man denke an Moses, Jesus, Mohammed.

Bei Nietzsche folgte auf die einsamen Spaziergängen abends ein „Dunkelsitzen" zur Reflexion des Tages und seiner Gedanken.

Gut und Böse

Jenseits von Gut und Böse

Einer der genialen Buchtitel von Nietzsche!

Wird im heutigen Sprachgebrauch sehr oft verwendet, und zwar für etwas, das schockiert, das außerhalb aller Normen liegt.

In Nietzsches Bedeutung lebt der höhere Mensch jenseits von Gut und Böse, d.h. jenseits aller herkömmlichen Moral, er kennt nur Gut und Schlecht (wohlgeraten oder schlechtweggekommen), aber nicht Gut und Böse.

Das Wort „böse" haben, nach Nietzsche, erst die schlechtweggekommenen Menschen für das hartherzige Verhalten der Mächtigen geprägt, um diese damit verbal zu bestrafen. Diese Sprachauslegung findet sich ausführlich in der gut lesbaren „Genealogie der Moral".

Tagesbeginn

Das beste Mittel, jeden Tag gut zu beginnen, ist, beim Erwachen daran zu denken, ob man nicht wenigstens einem Menschen an diesem Tag eine Freude machen könne.

MA VII 589

Erinnert an den Pfadfinder-Spruch mit der täglichen guten Tat...

Wer war jetzt zuerst da?

Lebensprinzip

Formel meines Glücks:
Ein Ja, ein Nein, eine gerade Linie, ein Ziel.

GD Sprüche 44

Das ist Nietzsches Lebensprinzip!

Im Hintergrund die Bibel: „Deine Rede sei Ja-Ja, Nein-Nein...“. Der „kleine Pastor“, wie der bibelkundige Nietzsche von seinen Mitschülern genannt wurde, dringt in seinen Werken hunderte Male durch!

Nach neuen Meeren

Dorthin will ich und ich traue

mir fortan und meinem Griff.

Offen liegt das Meer – ins Blaue

treibt mein Genueser Schiff.

FW Anhang

Das Leben will gewagt sein!

Kurze Biografie

Friedrich Wilhelm Nietzsche wird am 15. Oktober 1844 als Sohn eines evangelischen Pfarrers (Pastors) in Röcken (Lützen) bei Leipzig geboren.

Mit nur 24 Jahren wird er als Universitätsprofessor für Klassische Philologie (Latein und Griechisch) an die Universität Basel berufen.

Da seine Veröffentlichung „Die Geburt der Tragödie“, eine Herausarbeitung von apollinischer (verstandesbetonter) und dionysischer (rauschhafter) Richtung in der griechischen Kunst, keine Anerkennung findet, wendet er sich der Philosophie zu.

Sein Ausdrucksmittel wird der Aphorismus (Sinnspruch, Gedankensplitter), von denen sich allein im „Menschliches, Allzumenschliches“ über 1000 finden.

Bald aber muss er sein Lehramt wegen anhaltender Migräne-Anfälle nach nur 10 Jahren Tätigkeit wieder aufgeben. Er bezieht von der Universität Basel (dankenswerterweise!) eine Pension und pendelt fortan zwischen Naumburg (wo Mutter und Schwester wohnen), Sils-Maria im Oberengadin und der Riviera hin und her, um endlich einen seiner Gesundheit zuträglichen Ort zu finden.

Um von seinem großen Liebeskummer (Lou von Salome) abgelenkt zu sein, stürzt er sich in die Arbeit am „Zarathustra". Nietzsche legt dem altpersischen Religionsstifter seine Lehre vom Übermenschen in den Mund und schafft ein Werk voll bildhafter Sprache im Stile einer Bibelparodie.

Nachdem auch der Zarathustra nicht die erwartete Aufnahme gefunden hat, verhärtet sich Nietzsches Wesen und es beginnt nun im dritten Schaffensabschnitt der „Nein-Sagende Teil" seiner Schriften, wo er die herkömmliche Moral und Religion zurückweist:

Jenseits von Gut und Böse

Zur Genealogie der Moral

Der Antichrist.

Schließlich gelingt es Nietzsche noch, einen höchst pointierten, zusammenfassenden Lebensrückblick zu schreiben („Ecce Homo"), bevor er mit 44 Jahren binnen weniger Tage in die Umnachtung fällt und noch 9 Jahre von Mutter und Schwester gepflegt wird. Ob ein vererbter Gehirntumor oder eine atypische Spätsyphilis die Ursache sind, ist bis heute ungeklärt und rätselhaft.

Seine Schwester Elisabeth, welche geschickt mit der Vermarktung seiner Werke beginnt, spricht beschönigend von einer „Erschöpfung“.

Nähere interessante Details zu Nietzsches Leben finden sich in der **Bildbiografie** „Nietzsche neu erleben“.

Weitere Literaturempfehlungen für den Einstieg:

Götzen-Dämmerung

Zur Genealogie der Moral

Ecce Homo

Also sprach Zarathustra, I. und II. Teil

Abkürzungen und Quellenverzeichnis

KSA Werke, Colli Montinari, Band 1 – 6

dtv 1999

N Nachlass, Colli Montinari KSA Band 7 – 14

KSB Briefe, Colli Montinari, Band 1 – 8

GT Die Geburt der Tragödie (1872) KSA 1

UB Unzeitgemäße Betrachtungen (1873)

KSA 1, 2

MA Menschliches, Allzumenschliches (1878)

KSA 2

WS Der Wanderer und sein Schatten (1880)

KSA 2

M Morgenröte (1881) KSA 3

FW Die fröhliche Wissenschaft (1882) KSA 3

Z	Also sprach Zarathustra I - IV (1883-1885) KSA 4
JGB	Jenseits von Gut und Böse (1886) KSA 5
GM	Zur Genealogie der Moral (1887) KSA 5
WA	Der Fall Wagner (1888) KSA 6
DD	Dionysos-Dithyramben (1888) KSA 6
GD	Götzen-Dämmerung (1888) KSA 6
AC	Der Antichrist (1888) KSA 6
NW	Nietzsche contra Wagner (1888) KSA 6
EH	Ecce homo (1888) KSA 6